# Manos a la obra 3

I0804926

## INTRODUCCIÓN - MODO DE USO

Con gran satisfacción *Editorial Concordia* pone un nuevo recurso en sus manos. Este tercer libro REPRODUCIBLE de *Manos a la obra* presenta la vida completa de Jesús en 15 lecciones para niños de 4 a 9 años.

Cada una de las 15 lecciones está diseñada para dos niveles: 4-6 y 7-9 años. El nivel 1 está marcado con el número 1 en la parte superior derecha de la página. El nivel 2 está marcado con el número 2 en la parte superior derecha de la página. En la última página encontrará las soluciones a las actividades del nivel 2.

Todas las actividades fueron diseñadas a partir de La Santa Biblia, Nueva Versión Internacional, 1999.

Recomendamos al maestro que lea atentamente las historias bíblicas a partir de los textos que se indican en cada lección. Eso le permitirá compartir con los niños todo lo que Dios tiene para decir acerca de su Hijo, Jesús.

La serie *Manos a la obra* está desarrollada como material de apoyo para clases de escuela bíblica. Las lecciones están preparadas para poder darlas en una sola clase. Todas ellas tienen referencias bíblicas, y presentan técnicas de trabajo. El maestro tiene la libertad para ajustarlas de acuerdo a su clase y a la disponibilidad de recursos.

Que la vida, muerte, y resurrección de Jesús traigan paz y alegría a todos los que lo confiesan como Salvador y Señor.

Editorial Concordia

# JESÚS NACIÓ EN GRAN POBREZA

**Lucas 2:7**

> Pinta con ceritas o crayones. Puedes poner una mantita sobre la cuna de Jesús. Usa trocitos de tela o lanitas entrelazadas.
> Recorta y pega los nombres de las personas.

MARÍA JOSÉ JESÚS

# LOS ÁNGELES TRAJERON LA NOTICIA DEL NACIMIENTO DE JESÚS

**Lucas 2:1-20**

> ¿En qué orden sucedieron las cosas? Pinta, recorta, observa bien, y pega en los recuadros de arriba. Escribe lo que ocurrió en cada escena.

# JESÚS ESTÁ EN EL TEMPLO

**Lucas 2:41-52**

> Pinta con témperas y pinceles.
> Decora las palabras con plasticola de colores. Pide a tu maestro que te las lea.

## JESÚS CRECÍA EN SABIDURÍA

**2**

# EL NIÑO JESÚS ESTÁ EN EL TEMPLO CON LOS MAESTROS DE LA LEY

**Lucas 2:41-52**

> ¡A buscar! En esta sopa de letras encontrarás doce palabras que pertenecen a la historia.

> Pide a tu maestro que te ayude a ponerlas en orden. Puedes volver a escribir el relato.

| M | Q | J | P | D | O | C | E | A | Ñ | O | S | D | F | G | H | K |
|---|---|---|---|---|---|---|---|---|---|---|---|---|---|---|---|---|
| L | Y | R | N | T | B | Z | G | M | P | R | W | C | X | T | V | Ñ |
| G | S | F | D | C | V | J | S | Q | N | L | Z | M | S | R | P | Y |
| T | Ó | V | X | B | M | R | H | W | J | D | R | A | B | F | Z | C |
| N | S | Y | G | L | P | T | Q | C | M | K | T | E | M | P | L | O |
| R | E | C | T | N | A | D | F | B | P | LL | X | S | V | G | Z | D |
| E | J | E | R | U | S | A | L | É | N | R | Y | T | C | J | P | F |
| G | L | Y | S | T | C | B | X | M | F | T | V | R | L | N | J | C |
| R | T | Ñ | Y | B | U | D | H | R | P | Q | C | O | M | P | G | R |
| E | S | E | R | D | A | P | S | J | T | C | M | S | L | F | Z | W |
| S | N | C | LL | T | Ñ | V | D | T | E | R | A | Z | A | N | C | P |
| O | L | M | E | S | T | A | T | U | R | A | L | D | Y | S | F | T |
| C | X | D | G | Q | R | H | Y | L | P | S | J | Ñ | V | N | X | M |
| P | S | A | B | I | D | U | R | É | A | Q | B | Z | T | W | S | H |
| D | L | Y | R | W | C | S | G | F | X | M | J | R | D | K | Y | N |

Atención: las palabras aparecen de arriba hacia abajo, de abajo hacia arriba, de derecha a izquierda, y de izquierda a derecha.

# JESÚS ES BAUTIZADO

**Mateo 3:13-17**

> Decora con papeles verdes, marrones, celestes, y dorados. ¿Dónde pondrías cada color?
> Recorta y pega los nombres en los recuadros.

JESÚS | ESPÍRITU SANTO | DIOS

# JESÚS ES BAUTIZADO

**Mateo 3:13-17**

***Actividad 1***

¡A trabajar con la Biblia abierta!

> Leyendo las referencias podrás completar la grilla. ¡Adelante!

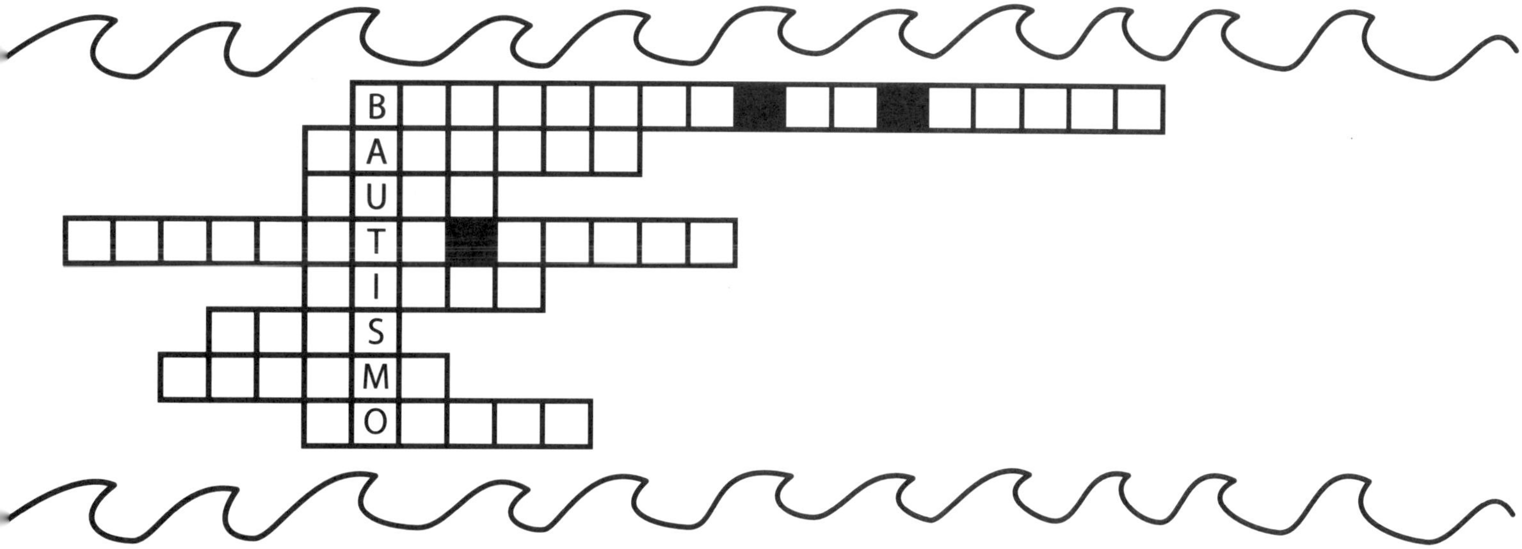


REFERENCIAS

1. ¿Cuál es el título del texto bíblico?
2. ¿De dónde venía Jesús?
3. ¿Quién lo bautizó?
4. ¿Quién apareció sobre Jesús?
5. ¿Qué se abrió?
6. ¿De quién era la voz que se oyó?
7. ¿Qué forma tenía el Espíritu Santo?
8. ¿En que río fue bautizado Jesús?

***Actividad 3***

Pinta o decora con papeles la paloma.

***Actividad 2***

En Mateo 28:19 Jesús dice: "Vayan y hagan discípulos de todas las naciones bautizándolos en el nombre del Padre y del Hijo y del Espíritu Santo."

> Averigua y contesta por qué es importante ser bautizado.

# JESÚS LLAMA A SUS DISCÍPULOS

**Mateo 4:18-20**

> Pinta como más te guste. Pega arena en la playa, teje la red con hilos de algodón.

> Recorta y pega los nombres.

JESÚS PEDRO ANDRÉS

# JESÚS LLAMA A SUS DISCÍPULOS

**Mateo 4:18-20**

***Actividad 1***

> Usa flechas para unir cada pregunta con su respuesta. Usa un color para Simón y Andrés, y otro color para Jacobo y Juan.

> ¿Combinan algunos datos? Pinta los carteles que concuerdan.

<u>Simón y Andrés</u>
¿De dónde eran?
¿Qué estaban haciendo?
¿Quién los llamó?
¿Qué les dijo?
¿Qué hicieron ellos?
¿Dónde estaban?

<u>Jacobo y Juan</u>
¿A qué se dedicaban?
¿Qué estaban haciendo?
¿De dónde eran?
¿Quién era su padre?
¿Quién los llamó?
¿Qué les dijo?
¿Qué hicieron ellos?

- LO SIGUIERON
- ZEBEDEO
- ERAN HERMANOS
- ERAN PESCADORES
- TIRANDO LA RED
- GALILEA
- REMENDANDO LA RED
- JESÚS
- VENGAN Y SÍGANME
- EN LA BARCA

***Actividad 2***

> Ordena las palabras y podrás leer la invitación completa que Jesús hizo a sus discípulos.

| HOMBRES | LOS | VENGAN | Y | HARÉ | PESCADORES |
|---|---|---|---|---|---|

| Y | DE |
|---|---|

***Actividad 3***

Para pensar: ¿Cómo puedes tú pescar hombres? ¿Con una red? ¿Con un anzuelo?, o con... ____________________________________________

# JESÚS RECIBE A LOS NIÑOS

**Marcos 10:13-16**

> Decora los vestidos con trocitos de tela o papeles de colores.
> Usa crayones para pintar lo demás.

# JESÚS RECIBE A LOS NIÑOS

**Marcos 10:13-16**

> Para aprender bien la historia busca las palabras que faltan. Para ayudarte usa las referencias y las letras que hay en el crucigrama.

REFERENCIAS

1. Dijo Jesús: "Dejen que los niños..."
2. El dueño del reino.
3. Recibió a los niños.
4. No querían que los niños se acercaran.
5. Los rodeó con sus brazos.
6. Las madres querían que Jesús los...
7. Traían a los niños.
8. Les daba la bendición.
9. Dios tiene un...
10. Las madres traían...
11. ¿De qué reino se trata?
12. Ponía sobre ellos sus...

# JESÚS CALMA LA TORMENTA

**Lucas 8:22-25**

> Recorta y arma el rompecabezas. Pega, y deja secar.
> Pinta con gotitas de témpera espesa o plasticola de colores.

# JESÚS CALMA LA TORMENTA

**Lucas 8:22-25**

> A buscar palabras que se cruzan. ¿Necesitas ayuda? Utiliza las flechas que indican la dirección de la palabra, y las letras y palabras en el crucigrama.

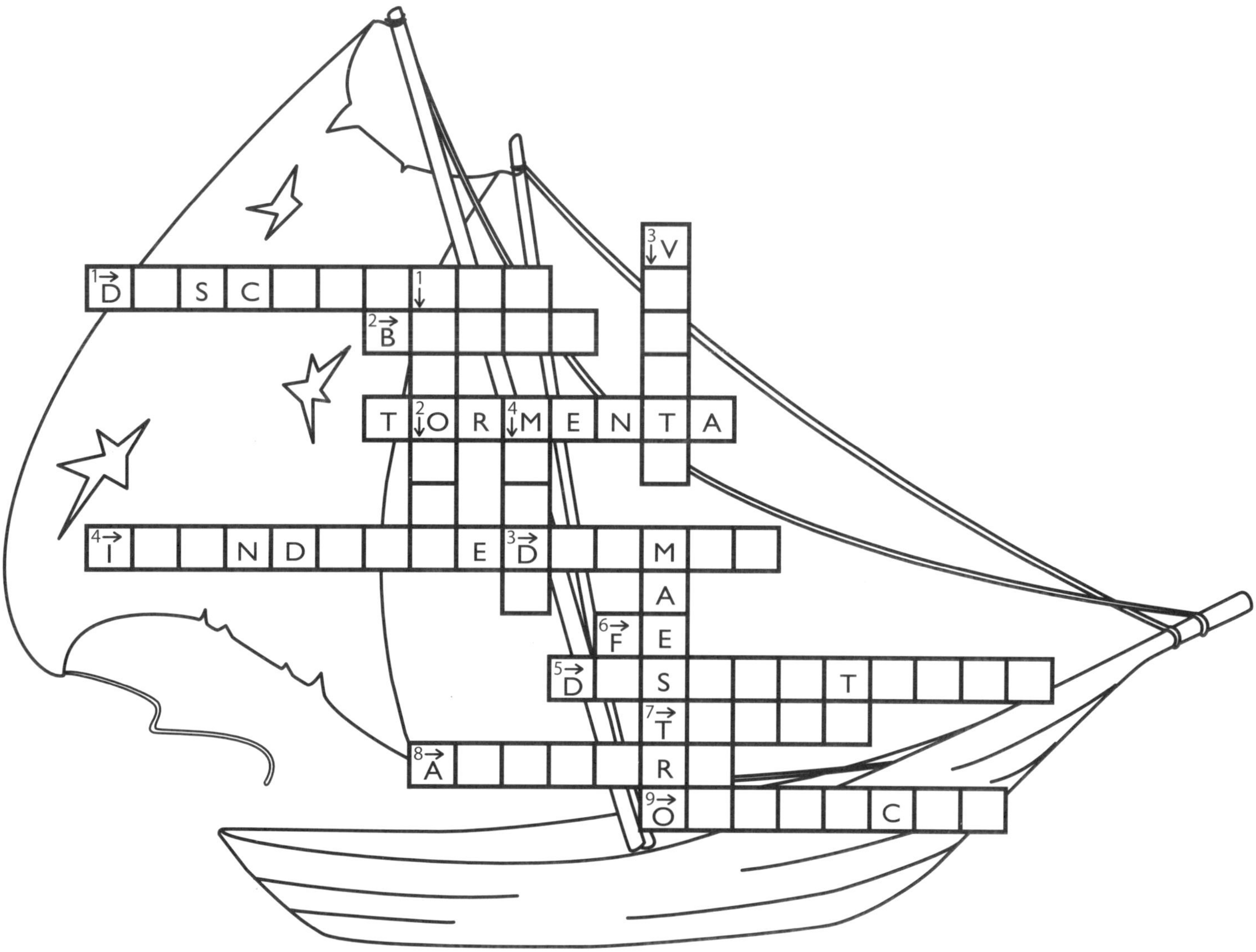

REFERENCIAS

Horizontales:

1. ¿Con quién subió Jesús?
2. ¿A dónde subió?
3. Estaba cansado, entonces se...
4. Con la tormenta la barca comenzó a...
5. ¿Qué hicieron los discípulos?
6. ¿Qué les faltó a los discípulos?
7. Palabra que significa miedo.
8. ¿Qué más tenían los discípulos'
9. Palabra opuesta a "desobedecen".

Verticales

1. ¿Dónde se desató la tormenta?
2. ¿Qué reprendió Jesús?
3. ¿Qué otra cosa reprendió Jesús?
4. Los discípulos sintieron mucho...

Piensa: Si estuvieses en el lugar de los discípulos, ¿cómo actuarías?

# JESÚS, EL BUEN PASTOR

**Lucas 15:3-7**

> Busca la ovejita que se perdió. Jesús ya la encontró. ¿Dónde está?
> Pinta con lindos colores. Cubre las ovejitas con algodón.
> Completa la oración con las vocales que faltan. ¿Te animas a leer?

J_S_S _S M_ P_ST_R

# JESÚS, EL BUEN PASTOR

**Lucas 15:3-7**

***Actividad 1***

> Pega algodón sobre las ovejitas. Une los puntos para completar la figura del buen pastor. Pinta como más te guste.

***Actividad 2***

> Recorta las palabras y arma el versículo de Juan 10:9.

| LA | EL | QUE | YO | POR | SOY | PUERTA | SERÁ |
|---|---|---|---|---|---|---|---|
| PUERTA | ENTRE | SOY | SALVO | ESTA | YO | QUE | |

***Actividad 3***

Para pensar y compartir con tu maestro: ¿Por qué dice Jesús que él es la puerta? ¿Ya entraste por esa puerta?

# JESÚS SANA A UN PARALÍTICO

**Marcos 2:1-12**

> Recorta los cuatro cuadros. Pégalos en otra hoja y píntalos como más te guste.

# JESÚS SANA A UN PARALÍTICO

**Marcos 2:1-12**

2

***Actividad 1***

> Completa las oraciones que están abajo, pero, ¡cuidado!, están escritas al revés, y además, hay algunas intrusas.

Jesús se encontraba en

Mucha gente estaba en su casa escuchándolo

Llegaron cuatro trayendo un amigo que estaba

Cuando Jesús vio la fe de ellos, le dijo: Hijo, tus quedan

También le dijo toma tu camilla y

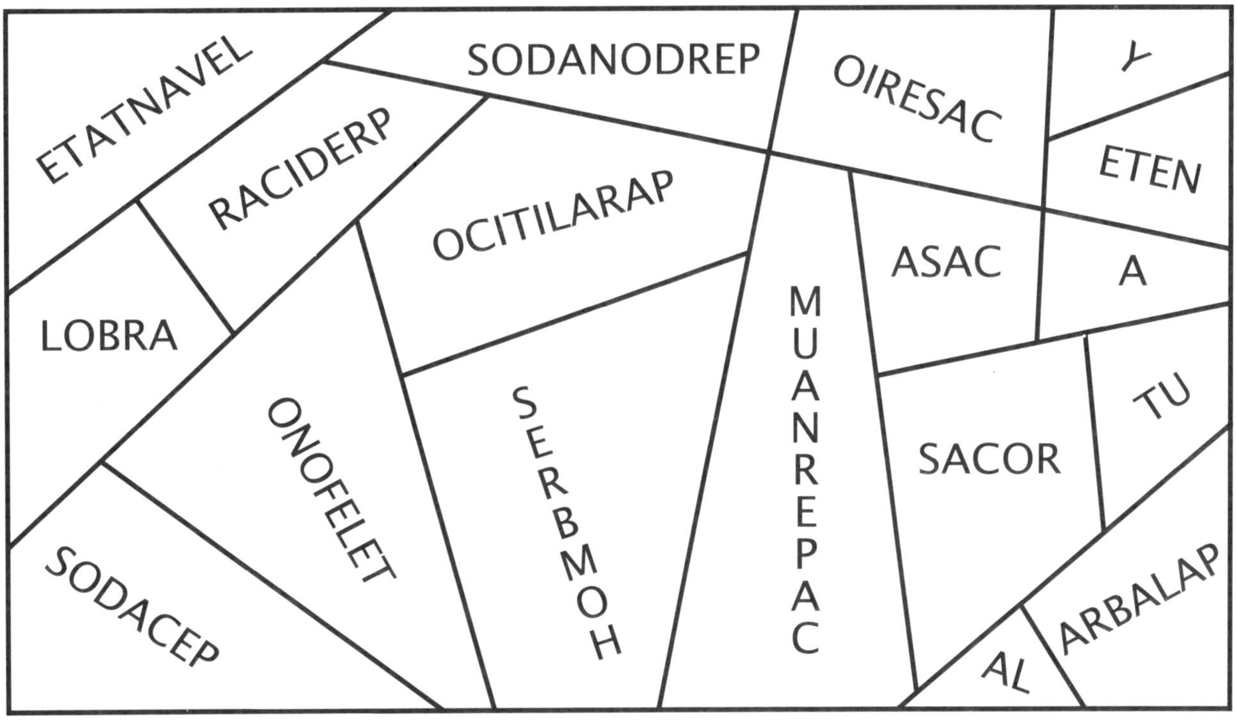


Jesús tiene autoridad para sanar el cuerpo y el espíritu.

***Actividad 2***

Para pensar: El paralítico tenía grandes amigos. Jesús reconoció esa amistad y la fe que depositaron en él. Ellos actuaron, y Jesús también.

¿Qué haces tú por tus amigos?

# JESÚS CUENTA LA PARÁBOLA DEL HIJO PERDIDO

**Lucas 15:11-32**

> Ayuda al hijo que vuelve, a tomar el camino correcto para llegar hasta su padre. Puedes hacerlo con lápiz o semillitas. Pinta toda la escena.

# JESÚS CUENTA LA PARÁBOLA DEL HIJO PERDIDO

**Lucas 15:11-32**

***Actividad 1***

> Busca en esta sopa de letras palabras y frases cortitas que cuentan casi toda la historia.

| E | I | A | H | I | J | O | U | M | E | N | O | R | U | A | E | O |
|---|---|---|---|---|---|---|---|---|---|---|---|---|---|---|---|---|
| O | U | E | I | A | U | E | I | O | H | E | R | E | N | C | I | A |
| E | P | A | Í | S | I | L | E | J | A | N | O | I | E | U | A | E |
| D | O | I | E | U | O | A | I | U | O | I | E | A | U | I | S | U |
| E | I | A | U | G | A | S | T | Ó | E | T | O | D | O | A | E | O |
| R | U | B | A | E | I | U | O | I | A | O | U | E | I | U | A | E |
| R | A | U | E | O | U | A | E | U | C | U | I | D | Ó | E | R | I |
| O | I | S | A | I | E | O | U | I | A | E | U | A | C | I | R | A |
| C | P | C | O | U | I | A | E | O | U | I | A | O | E | U | E | O |
| H | A | Ó | E | M | P | L | E | O | E | O | I | U | R | A | P | U |
| Ó | S | U | I | A | E | U | O | I | A | U | E | A | D | O | I | E |
| U | Ó | H | A | M | B | R | E | U | O | I | A | E | O | U | N | I |
| A | E | I | O | U | A | I | O | E | A | U | O | I | S | E | T | A |
| V | O | L | V | I | Ó | C | O | N | S | U | A | E | O | U | I | E |
| O | E | U | A | E | U | I | E | U | A | P | A | D | R | E | Ó | U |
| U | A | O | E | P | I | D | I | Ó | U | E | O | I | E | A | I | E |
| E | I | U | A | I | O | U | A | P | E | R | D | Ó | N | O | U | A |

***Actividad 2***

> Cuenta cómo termina este relato.

# JESÚS INVITA A ZAQUEO

**Lucas 19:1-10**

> Recorta y pega la figura de Zaqueo en el árbol.
> Pega papelitos verdes sobre el árbol y pinta lo demás.
> Pide a tu maestro que te lea las palabras de Jesús.

**HOY ESTARÉ EN TU CASA**

# JESÚS INVITA A ZAQUEO

**Lucas 19:1-10**

***Actividad 1***

> ¿Dónde está Zaqueo? Observa bien el árbol. Cuando encuentres a Zaqueo pinta la escena.

***Actividad 2***

> En esta espiral se escondieron las vocales. Cuando las ubiques, leerás las palabras que Jesús le dijo a Zaqueo. Comienza por donde te indica la flecha.

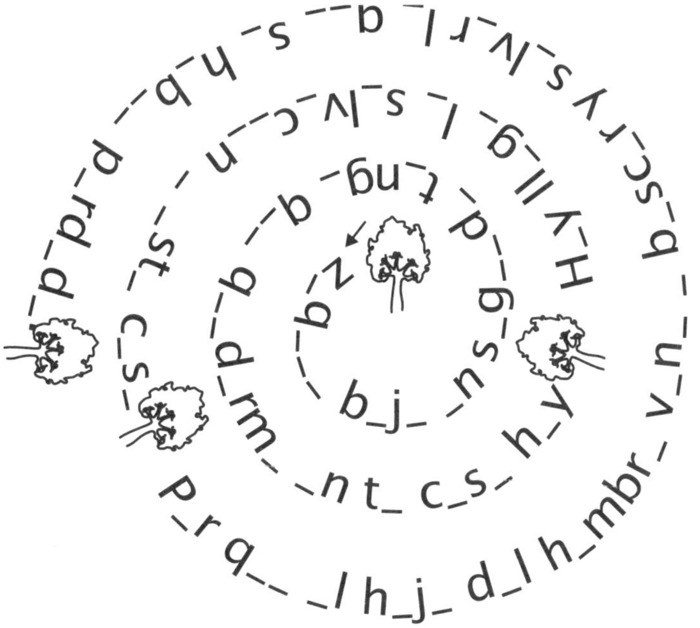

***Actividad 3***

> Para pensar: Jesús no pasó de largo. Se detuvo y llamó a Zaqueo, quien respondió con mucha alegría. ¿Qué pasó en la casa de Zaqueo? ¿Qué pasa cuando Jesús está en tu casa?

1

# LA ÚLTIMA CENA

**Mateo 26:17-30**

> Pinta con los colores que más te gusten.
> Une los puntos. Pide a tu maestro que te lea las palabras que se formaron.

JESÚS CELEBRA LA PASCUA

# LA ÚLTIMA CENA

**Mateo 26:17-30**

***Actividad 1***

En este relato bíblico sucedió algo muy importante. Jesús establece la Santa Cena.

> Busca en la Biblia y completa la grilla.

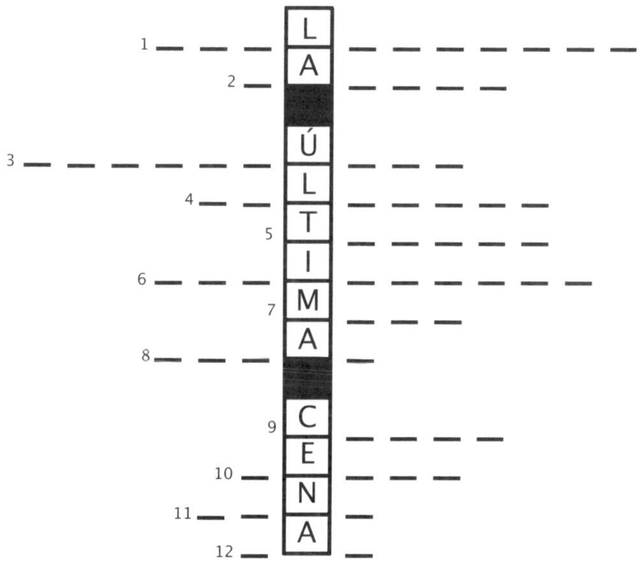

REFERENCIAS:

1. ¿Cómo eran los panes que se comían? 2. Fiesta que celebraron Jesús y sus discípulos. 3. ¿Quiénes la prepararon? 4. Palabra que significa recordar con alegría. 5. Según Jesús, ¿qué estaba cerca? 6. ¿Qué iba a hacer uno de sus discípulos? 7. ¿Qué metería en su plato? 8. ¿Cómo era su nombre? 9. ¿Qué les dijo Jesús cuando les dio el pan? 10. ¿Qué les dijo Jesús cuando les dio el vino? 11. ¿Qué debían tomar? 12. ¿Qué debían beber?

***Actividad 2***

> En el pan y en la copa hay palabras de Jesús. Sepáralas con diferentes colores y luego escríbelas abajo.

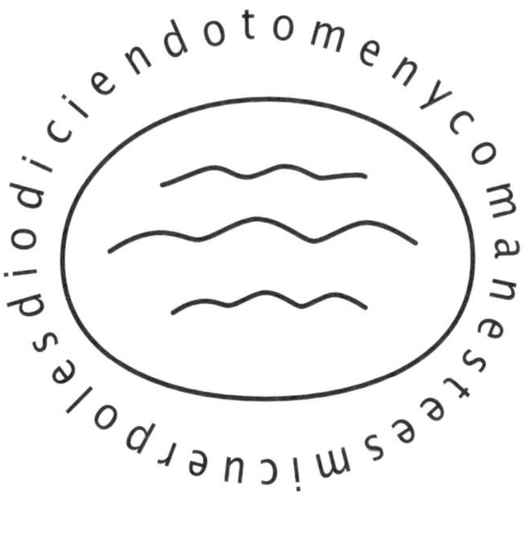


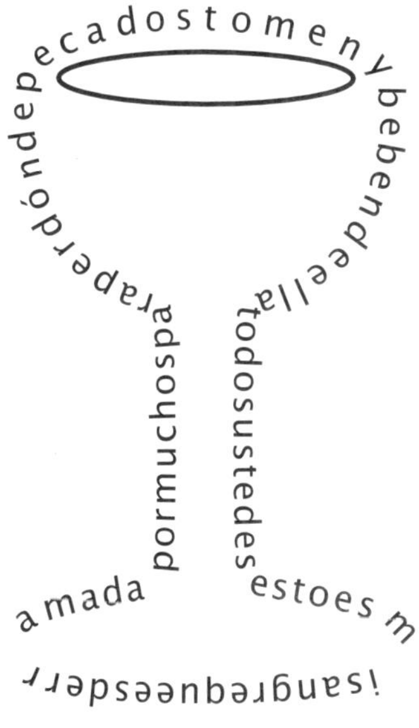


________________________________________

________________________________________

________________________________________

1

# JESÚS MURIÓ EN LA CRUZ

**Lucas 23:26-49**

> Pinta la escena. Pega algodón sobre las nubes.
> Pinta las palabras que están en el recuadro con muchos colores diferentes.

**JESÚS MURIÓ POR MÍ**

# JESÚS MURIÓ EN LA CRUZ

**Lucas 23:26-49**

Mientras Jesús estuvo en la cruz, se produjo un diálogo entre él y los dos criminales crucificados a su lado. En los cuadros de abajo están representados los distintos momentos de la conversación.

> Obsérvalos, y con la ayuda de la Biblia podrás completar los globos.

Dentro de cada cuadro tienes el versículo correspondiente.

Recuerda: El maltrato y el dolor que sufrió Jesús fue para que tú y yo fuésemos salvos.

1

# JESÚS RESUCITÓ

**Lucas 24:1-12**

> Pinta como más te guste.

> ¿Quieres dibujar florcitas dentro de las letras?

HA RESUCITADO

# UN ÁNGEL ANUNCIA QUE JESÚS RESUCITÓ

**Lucas 24:1-12**

¡Jesús ha resucitado!, fue el anuncio del ángel.

> En las vestiduras del ángel verás sílabas sueltas, con ellas puedes armar las palabras que él utilizó para dar la noticia.

¿Una ayudita? Las primeras están enumeradas.

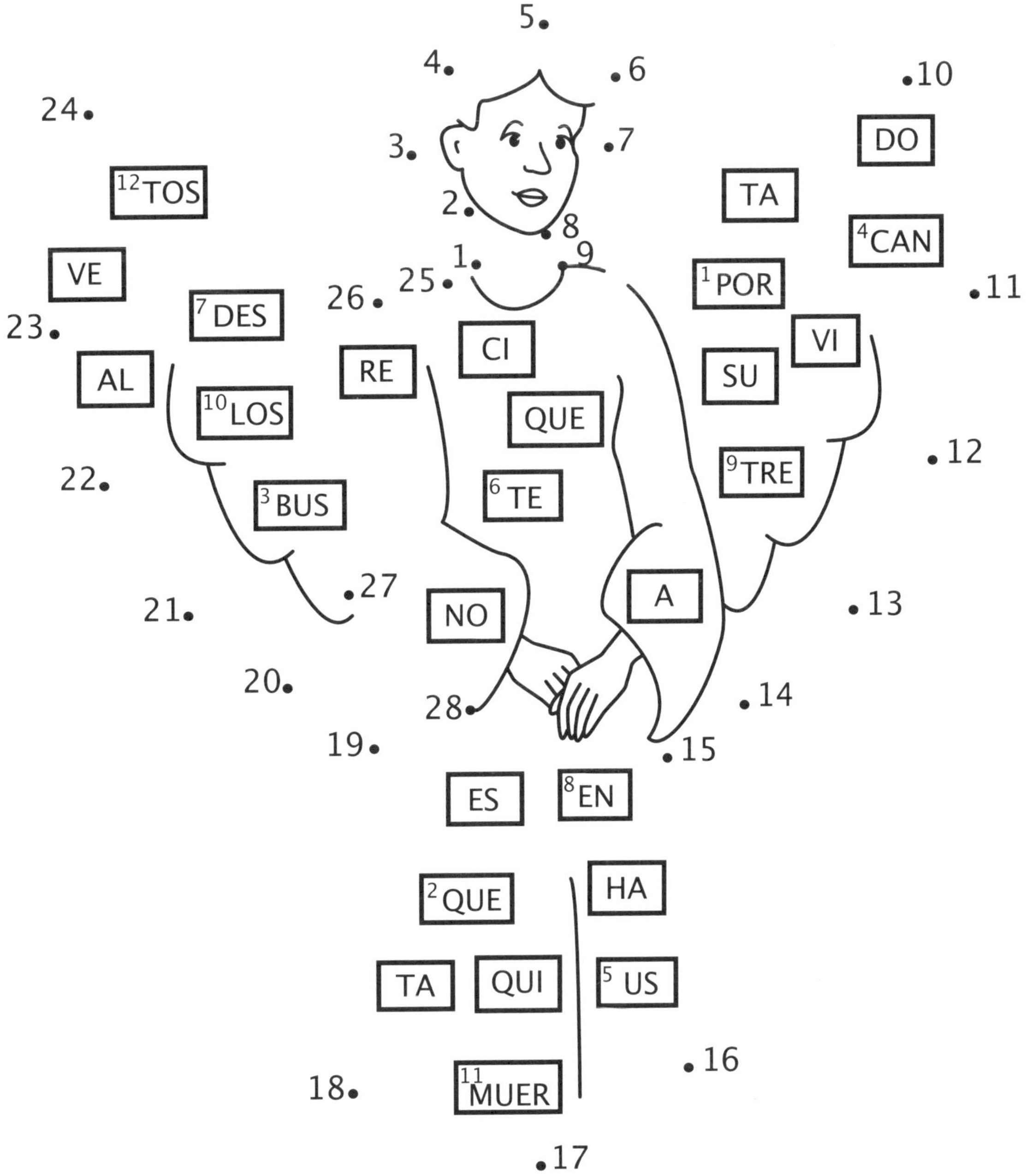


Lucas 24:5-6

# JESÚS SE APARECE A SUS DISCÍPULOS

**Lucas 24:13-35**

> Une las líneas de puntos y completa el dibujo, luego pinta como más te guste.
> Decora las letras con semillitas o brillitos.

**LO RECONOCIERON**

Lucas 24:31

# JESÚS SE APARECE A SUS DISCÍPULOS

**Lucas 24:13-49**

***Actividad 1***

Después que Jesús tranquilizó a sus discípulos, les explicó lo que ellos todavía no habían entendido.

> Lee el versículo 44. ¿Qué partes de la Escritura menciona Jesús y dice que hablan de él?

***Actividad 2***

Dentro de este gráfico encontrarás las palabras que Jesús explicó.

> Comienza a leerlo desde donde indica la flecha. Pinta el cuadrito que marca el comienzo de cada palabra

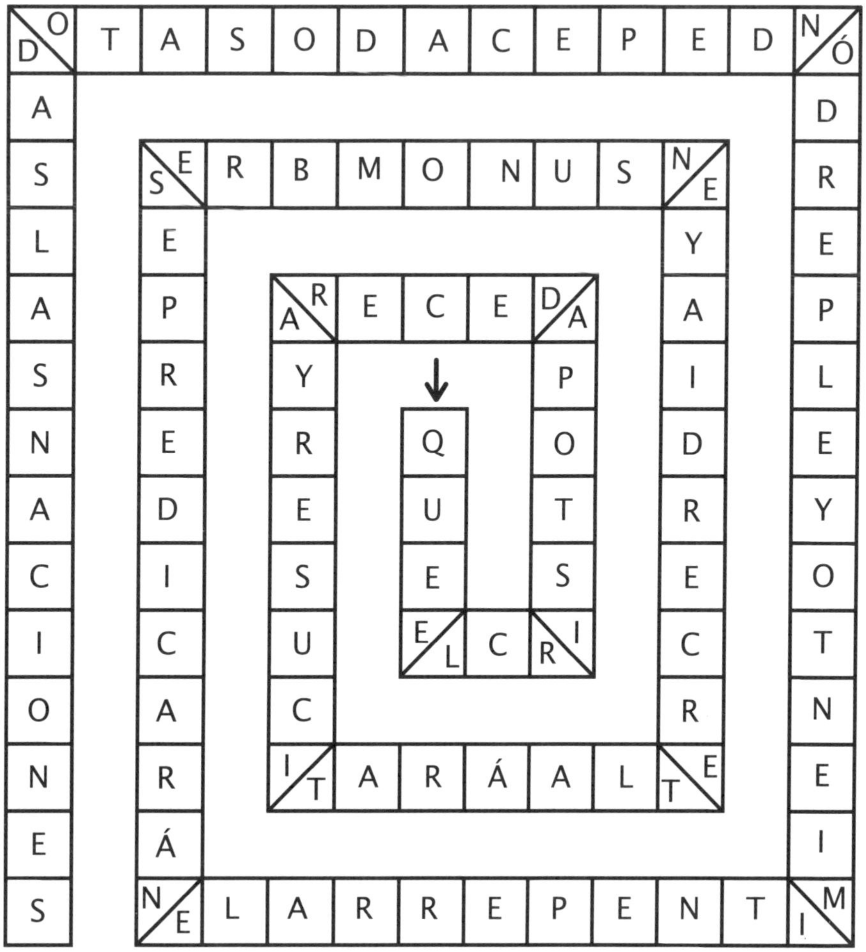


***Actividad 3***

> Vuelve a escribir los versículos y trata de aprenderlos de memoria.

Lucas 24:46-47

Recuerda: Todo lo que sucedió con Jesús había sido escrito muchos siglos antes de su nacimiento. Jesús es el cumplimiento de la PROMESA de un SALVADOR. ¿Crees esto?

# JESÚS SUBE A LOS CIELOS

**Hechos 1:1-11**

> Recorta y pega las piezas que faltan. Pinta, pega pastitos, y dibuja algunas flores.

# JESÚS SUBE A LOS CIELO A LA VISTA DE TODOS

**Hechos 1:1-11**

¡Qué momento! ¡Ver con los propios ojos cómo Jesús sube al cielo!
La Biblia dice que así como Jesús se fue, así también va a volver. Mientras tanto, tú y yo debemos contarle a otros que Jesús es el SALVADOR.
> Para aprender mejor la historia, completa el crucigrama.

REFERENCIAS

Horizontales

1. ¿A quiénes les explicó lo que tenían que hacer?
2. Jesús subió al...
3. ¿Qué les dio para que vean que él estaba vivo?
4. ¿Durante cuántos días se les apareció?
5. ¿Qué tenían que esperar que se cumpla?
6. ¿De qué reino les habló?
7. ¿Qué les dio a sus apóstoles antes de ascender?
8. En pocos días serían... con el Espíritu Santo.
9. ¿Qué iban a recibir?
10. ¿De quién era el poder?
11. Los apóstoles iban a llegar hasta los confines de la...

Verticales

1. ¿En qué ciudad debían permanecer?
2. ¿La promesa de quién debían esperar?
3. ¿Los apóstoles habían visto todo, por eso los llamó...

Para pensar: Si crees que Jesús murió y resucitó para salvar a los pecadores, entonces tú también eres un TESTIGO de JESÚS y puedes hablarles a tus amigos y vecinos sobre las cosas que él hizo. ¡Adelante!

# Manos a la obra 3

## SOLUCIONES:

**Página 5:** doce, años, templo, Jerusalén, padres, Nazaret, estatura, sabiduría, regresó, Jesús, Pascua, maestros.

**Página 7:** 1. bautismo de Jesús; 2. Galilea; 3. Juan; 4. Espíritu Santo; 5. cielo; 6. Dios; 7. paloma; 8. Jordán.

**Página 11:** 1. vengan; 2. Dios; 3. Jesús; 4. discípulos; 5. abrazarlos; 6. tocara; 7. madres; 8. bendecía; 9. reino; 10. niños; 11. cielos; 12. manos.

**Página 13**: Horizontales: 1. discípulos; 2. barca; 3. durmió; 4. inundarse; 5. despertaron; 6. fe; 7. temor; 8. asombro; 9. obedecen. Verticales: 1. lago; 2. olas; 3. viento; 4. miedo.

**Página 19:** hijo menor, herencia, país lejano, gastó todo, cuidó cerdos, derrochó, pasó hambre, buscó empleo, volvió con su padre, pidió perdón.

**Página 21:** Zaqueo baja enseguida, tengo que quedarme en tu casa hoy. Hoy llegó la salvación a esta casa. Porque el Hijo del hombre vino para buscar y salvar lo que se había perdido.

**Página 23:** 1. sin levadura; 2. Pascua; 3. discípulos; 4. celebrar; 5. tiempo; 6. traicionar; 7. mano; 8. Judas; 9. coman; 10. beban; 11. vino; 12. pan.

**Página 31**: Horizontales: 1. apóstoles; 2. cielo; 3. pruebas; 4. cuarenta; 5. promesa, 6. reino de Dios; 7. instrucciones; 8. bautizados; 9. poder; 10. Espíritu Santo; 11. tierra. Verticales: 1. Jerusalén; 2. Padre; 3. testigos.